ÉTUDES DE DROIT PÉNAL

SUBSTITUTION

DE

TAXES FISCALES

AUX PEINES DES CONTRAVENTIONS

PAR

CH. MUTEAU

Docteur en droit, Conseiller à la Cour d'Appel de Paris
Membre du Conseil général de la Côte-d'Or.

PARIS

TYPOGRAPHIE GEORGES CHAMEROT

19, RUE DES SAINTS-PÈRES, 19

1891

SUBSTITUTION

DE

TAXES FISCALES

AUX PEINES DES CONTRAVENTIONS

OUVRAGES DU MÊME AUTEUR

De l'Esprit des constitutions politiques et de leur influence sur la législation, par F. Ancillon; trad. de l'allemand. 1849, in-8°.

Les Clercs à Dijon. Note pour servir à l'histoire de la Bazoche. 1857, in-8°. (*Épuisé.*)

Galerie Bourguignonne (1858-1861). 3 vol. in-16 (*en collaboration avec M. Joseph Garnier*).

La Bourgogne à l'Académie française, de 1665 à 1727. 1862, in-8°.

Mémoire de Marc-Antoine Millotet, avocat général au Parlement et maire de Dijon (1649-1653), avec introduction et table analytique, et suivi d'extraits justificatifs, tirés des registres de la Chambre de ville de Dijon, du temps de la Fronde. 1866, in-8°.

Anecdotes du Parlement de Dijon, ou Journal de ce qui s'y est passé de remarquable depuis le 15 octobre 1650 jusqu'au mois d'août 1652, par Cl. Malteste, conseiller audit Parlement, etc. 1866, in-8°.

Du Secret professionnel, de son étendue et de la responsabilité qu'il entraine d'après la loi et la jurisprudence, traité théorique et pratique. 1870, in-8°.

L'Ivrognerie. L'ivresse doit-elle être punie? *Paris*, in-8°.

Les Écoles et Collèges en province depuis les temps les plus reculés jusqu'en 1789. 1882, in-8°.

Les Capitaines de la Sainte-Union. Souvenirs de la Ligue en Bourgogne. 1883, in-8°.

ÉTUDES DE DROIT PÉNAL

SUBSTITUTION

DE

TAXES FISCALES

AUX PEINES DES CONTRAVENTIONS

PAR

CH. MUTEAU

Docteur en droit, Conseiller à la Cour d'Appel de Paris
Membre du Conseil général de la Côte-d'Or.

PARIS

TYPOGRAPHIE GEORGES CHAMEROT

19, RUE DES SAINTS-PÈRES, 19

—

1891

SUBSTITUTION

DE

TAXES FISCALES

AUX PEINES DES CONTRAVENTIONS

> « Tout progrès de la science pénale
> est un bienfait pour l'humanité, et par
> cela qu'il épargne des souffrances et
> surtout parce qu'il seconde la marche
> de l'homme vers son développement
> moral. »
>
> Rossi, *Traité de droit pénal.*

I

Je voudrais, comme tant d'autres, apporter mon tribut au progrès de cette science dont la marche apparaissait si bienfaisante à Rossi, et je crois que l'heure est venue de le tenter ; l'ère des réformes en matière pénale semble, en effet, bien ouverte, et chacun a le droit de s'en préoccuper.

Si d'incessantes modifications s'imposent à nos lois civiles pour suivre les mœurs et les mettre d'accord avec elles, que d'améliorations, que de changements à apporter, d'autre part, à nos pénalités, dans lesquelles il en a été déjà introduit cependant un si grand nombre et de si importants depuis que notre code pénal est devenu exécutoire ! Quelle grande place à y faire encore, sans blesser la justice, à l'humanité, à la morale publique, et après les réformes conquises, depuis quelques années surtout, que d'autres réformes non moins urgentes dont l'éclosion est, pour ainsi dire, dans l'air ?

La loi Bérenger que vient d'adopter le Parlement, et dont l'application immédiate, le jour même de sa promulgation, par les tribunaux, démontre mieux que tous les raisonnements l'urgence et l'opportunité, est, sans contredit, l'une des plus graves. En permettant d'accorder au condamné correctionnellement un sursis de cinq ans, pour prouver, par une vie d'honnête homme, qu'il n'a failli qu'accidentellement, et lui faire, par cette vie, racheter sa faute, elle lui fait une faveur extrême ; il est indubitable pourtant qu'à cette faveur ce qui gagnera le plus, c'est l'honnêteté générale qu'accroîtront toujours l'encouragement au bien et une indulgence saine et bien appliquée.

Cette loi a de plus, à mes yeux, un autre mérite. C'est essentiellement une loi de progrès et, à ce point de vue, il est, dès à présent, permis de lui assigner les plus heureuses conséquences. C'est une voie ouverte, dans laquelle il faudra marcher, comme dans la seule qui puisse conduire à la vraie justice répressive, à celle qui, pour la peine, tient aussi bon compte de la moralité de l'agent que de la gravité de l'acte et mesure le châtiment moins sur le fait que sur l'intention, principal, pour ne pas dire unique élément

de la culpabilité. Peu à peu, les hautes et justes considérations qui nous ont valu la loi Bérenger feront
nécessairement faire un pas de plus à notre législation
pénale. Déjà, à peine est-elle édictée, le législateur,
frappé de l'inégalité qu'elle laisse subsister entre les
nouveaux condamnés, appelés à bénéficier de la faveur
qu'elle les autorise à espérer, et les condamnés anté-
rieurs qui seraient dignes d'en profiter, se préoccupe,
dans son esprit d'équité, de lui donner un effet rétroactif.
Après cette extension de ses bienveillantes dispositions
à un cas pour lequel elle se justifiera d'elle-même, peut-
être la pensée viendra-t-elle, et cette pensée ne serait pas
moins naturelle, de ne pas les limiter aux condamna-
tions correctionnelles et de les accorder notamment à
celles que prononce le tribunal de simple police, tout au
moins quand elles emportent la peine d'emprisonnement, toujours funeste, quelque courte qu'elle soit.
Ce serait assurément logique, plus logique peut-être
que ce qu'a fait la Chambre, oubliant que le but de la
loi était surtout de parer aux dangers de la prison, et
entraînée par une apparence trompeuse, lorsqu'elle a
exigé que le condamné à l'amende pût être d'ores et
déjà, comme le condamné à l'emprisonnement et
dans les mêmes termes, dispensé pendant cinq ans
de toute exécution. Elle ne semble pas, en effet, avoir
remarqué que ce dernier, repris en faute, arrêté de
nouveau, satisfera forcément à la justice, ne saurait
s'y soustraire, tandis que toute liberté étant laissée
au condamné à l'amende de faire, durant cinq années, disparaître tout ce qui, au moment de sa condamnation, constituait sa solvabilité, ne négligera rien

pour y échapper. Et qu'on ne s'y trompe pas, cette observation a sa gravité ; car, s'il en arrive ainsi, le but de la loi ne sera pas complètement atteint : or il ne faut pas oublier que souvent l'intérêt sera assez grand pour que le condamné s'assure contre lui-même : l'amende peut être élevée ; il n'est pas, en outre, impossible de prévoir que, dans un temps donné, le taux général des amendes prononcées par le code pénal, resté le même jusqu'ici, devra être mis en rapport avec la valeur actuelle de l'argent. Dans la discussion à laquelle a donné lieu la loi Bérenger au Parlement, et à plusieurs reprises, on a fait observer que les tribunaux correctionnels, préférant l'emprisonnement à l'amende, n'appliquaient que rarement cette dernière peine. Il n'est pas inutile qu'on en sache la cause, qui n'a pas été dite, et qui ne réside pas dans un simple caprice du juge. L'expérience l'a appris, cette cause est, à n'en pas douter, le plus souvent dans l'insuffisance de l'amende, quand elle n'est pas dans l'absolue insolvabilité du coupable.

Il eût été aisé de trancher la question relative aux condamnés à l'amende auxquels le Parlement voulait justement étendre la faveur de la loi Bérenger ; il n'y avait qu'à exiger d'eux le dépôt à la Caisse des consignations de cette amende qui, au bout de cinq ans, eût été, avec les intérêts, remise à qui de droit ; de cette façon, il n'y eût eu risque de lésion pour personne, ni pour l'État, ni pour la justice et l'équité, ni pour le condamné.

Quoi qu'il en soit, et sans se dissimuler la menace de certaines questions que son application soulèvera infailliblement dans la pratique, on peut affirmer que la loi Bérenger, telle qu'elle est, confiée à la sage appréciation des juges qui ont la faculté de l'appliquer, ne saurait évidemment que produire de bons effets. C'est la loi du repentir et du pardon, et, alors qu'elle n'aurait pas en même temps pour résultat certain de diminuer les dangers de la funeste promiscuité des prisons, elle n'en resterait pas moins, à ce titre unique, un grand bienfait pour l'humanité et pour la moralité publique.

Aux criminalistes maintenant à la compléter et à la rendre féconde. C'est dominé par cette idée que, dans cette première étude, je leur soumets, sur l'opportunité de transformer en taxes fiscales toutes les amendes actuellement prononcées comme peines en matière de contraventions, des réflexions qui ne sont pas nouvelles pour moi et que l'expérience n'a fait que fortifier dans mon esprit.

II

« Punir est un droit terrible (1). » Il ne faut rien
moins que la culpabilité bien avérée de celui auquel
est appliqué le châtiment pour en justifier, pour en
légitimer l'exercice ; et pour que cette culpabilité soit
démontrée, il faut la certitude, la certitude absolue
que l'agent a eu conscience de son acte, qu'il l'ait
commis ou non volontairement, l'intention et la
volonté étant deux mobiles bien distincts, qu'il faut se
garder de confondre. « Le délit, le délit moral, écri-
vait Guizot, est la condition fondamentale du châtiment ; la justice naturelle l'exige impérieusement
pour admettre la légitimité de la peine, et la justice
légale ment lorsque, pour s'affranchir des exigences
de la justice naturelle, elle s'attribue un autre principe, un autre but, et prétend la trouver dans l'utilité. »

Comment se fait-il donc qu'à la fin de ce
XIXᵉ siècle, en France, après les justes et énergiques

____

(1) PASTORET. *Lois pénales.*

critiques soulevées depuis plus de cent ans par les philosophes et les criminalistes les plus autorisés, comment se fait-il que la pensée bâtarde qui a inspiré et qui domine le code pénal, subsiste encore, et que l'on s'en soit tenu jusqu'ici à la doctrine égoïste de l'intérêt tempérée seulement par l'idée de justice, plutôt que d'obéir exclusivement à cette dernière? N'est-il donc pas vraiment déraisonnable de maintenir sur le même pied l'utilité de la peine et l'immoralité du fait qui seule peut la faire admettre et comprendre?

Loin de moi la pensée de contester à la société le droit de sauvegarder ses intérêts politiques, sociaux, ou même matériels par des règles nécessairement garanties par une sanction; mais comment peut-il être encore aujourd'hui question, par exemple, de *peines* pour des faits qui n'en comportent pas, ne constituant que des infractions sans importance, n'impliquant aucun écart moral, partant aucune culpabilité, et la plupart du temps, dus à l'oubli ou à l'ignorance!

C'est sur ces faits, qualifiés par le code de contraventions, que je ne crois pas inopportun d'appeler la sollicitude du législateur.

Supprimer, en ce qui les concerne, toute pénalité, et remplacer condamnation et châtiment par l'imposition d'une taxe fiscale, voilà ce que je n'hésite pas à proposer.

Cette réforme présenterait-elle de grandes difficultés? Je ne le pense pas. Il semble qu'il n'y ait, pour y arriver, qu'un pas à faire. Ne distingue-t-on pas déjà, dans notre droit, les amendes civiles et les amendes criminelles ou correctionnelles? Pourquoi ne pas *civiliser*, si je puis m'exprimer ainsi, toutes celles qui n'atteignent que des infractions légères, innocentes en soi, et qui ne doivent, en réalité, être considérées que comme pouvant donner lieu à des réparations civiles?

Le code pénal établit lui-même, il est vrai, comme une ligne de démarcation entre les diverses infractions à la loi ou aux règlements; mais il les incrimine toutes indistinctement, malgré la distinction des peines. Pour classer dans une troisième catégorie, inférieure aux deux autres, celles de police, il ne leur laisse pas moins le même caractère. Ainsi, pour être *de police*, les peines qu'il édicte et qui ne diffèrent que par leur taux de celles que sont appelés à prononcer les tribunaux correctionnels, n'en sont pas moins des peines; le sentiment public, pour lequel la prison est toujours la prison, et l'amende toujours l'amende, par quelque juridiction qu'ait été rendue la sentence, toujours qualifiée du nom entachant de condamnation, ne s'arrête qu'aux mots, sans aller au fond des choses. Il n'a vraiment guère souci de distinctions, assez mal conçues d'ailleurs, comme chacun est forcé d'en convenir, et qui, loin de la détruire, ne font que confirmer l'idée d'une culpabilité en bas comme en haut de l'échelle.

A toute peine, par cela seul que c'est une peine, l'opinion attache, sans en mesurer le degré, un stigmate d'humiliante dégradation, d'infamie même, et c'est ce stigmate dont il est temps enfin de délivrer

les simples contraventions. Aux crimes et aux délits
seuls doit s'étendre la réprobation publique comme
les sévérités de la loi.

Objectera-t-on à l'encontre de cette théorie que
certaines contraventions sont commises intention-
nellement et de mauvaise foi, et méritent conséquem-
ment une répression pénale, comme entachées d'une
incontestable culpabilité? Je n'en disconviens pas; je
réponds simplement que, pour celles-là, rien n'empêcherait le législateur de les faire rentrer dans la
classe des délits, si elles en valent la peine, car le
plus souvent leur nature ou leur peu d'importance
rendraient même cette mesure inutile et inopportune.

Comment, au surplus, pareille objection pourrait-
elle se soulever à l'appui du système actuel, quand
l'on réfléchit que, dans ce système, ce sont précisément
les contraventions qu'on peut qualifier de délictueuses
qui bénéficient de l'indulgence, sont protégées, et
demeurent le plus souvent, grâce aux transactions
dont elles ont la faveur exclusive, à l'abri de toute
peine? Les fraudes en matière d'enregistrement, de
contributions indirectes, de douanes, d'octrois, etc.,
ne sont-elles pas les vraies, je dirais volontiers les
seules contraventions empreintes d'une culpabilité
certaine, et, tandis que la moindre infraction à un rè-
glement de police plus ou moins capricieux et ignoré
conduira celui qui l'a commise devant le tribunal qui
le *condamnera*, n'échapperont-elles pas, elles, à toute
répression pénale, sous le prétexte arbitraire de l'élévation excessive des amendes encourues, au moyen
d'un arrangement amiable dû à une juridiction gra-

cieuse, que réprouve absolument l'équité? A mes yeux,
cette comparaison suffirait à elle seule pour démontrer
l'injustice relative des dispositions qui régissent la
matière des contraventions et la nécessité de les mo-
difier sans retard dans un sens libéral, égalitaire et
humain.

Examinons, au surplus, seulement en quelques
mots, la philosophie de notre législation pénale, et si ce
qu'en ont pensé les jurisconsultes les plus illustres et
les plus autorisés ne semble pas pleinement justifier
ma proposition, sauf à en étudier ensuite les princi-
pales conséquences morales et matérielles.

On a souvent, et non sans raison, critiqué la division établie par le code pénal, des actions punies par
la loi, division tirée du fait brutal et arbitraire de la
peine. Pour l'expliquer, on a dit qu'il ne s'agissait là
que d'une définition ayant pour but d'indiquer la
compétence, que c'était une règle d'application et non
un principe de droit. Il suffit, pour réfuter cette expli-
cation, de rappeler combien de faits qualifiés contraventions sont déférés à la juridiction correctionnelle,
contrairement à cette règle de compétence qu'aurait
eu pour but de tracer le § 1ᵉʳ de l'art. 1ᵉʳ du code
pénal.

La vérité est que le législateur, obéissant à la doctrine mixte que j'ai plus haut signalée, à la doctrine
de l'intérêt tempérée par l'idée de justice, a senti,
pour atteindre pénalement les contraventions, la nécessité de chercher dans la peine elle-même qu'il
voulait appliquer un degré de culpabilité qu'il n'aurait
pu rencontrer dans l'immoralité du fait; c'est ainsi,

et seulement ainsi, qu'il a été amené à établir un classement que rien ne justifie.

A la doctrine utilitaire, dont Bentham s'est fait le principal défenseur, et qui consiste à voir un véritable délit dans l'exécution de tout acte défendu par la loi (1), je préfère infiniment celle de Rossi, auquel, pour les questions de droit pénal, on ne saurait faire trop d'emprunts. Pour lui, le délit, pris dans le sens général, c'est « la violation d'un devoir dont l'accomplissement ne peut être assuré que par la sanction pénale. Cette limitation place hors du domaine de la législation pénale trois ordres de faits répréhensibles : ceux qui sont suffisamment prévenus par la sanction naturelle et par la sanction religieuse ; ceux que le pouvoir social peut prévenir par des moyens moins sévères et moins dangereux que la justice pénale ; ceux pour lesquels la justice civile offre une réparation suffisante. »

Cette définition n'est-elle pas celle qui se rapproche le plus de la justice absolue, vers laquelle doivent tendre tous les efforts du législateur, et ne repose-t-elle pas sur les vrais principes qui doivent sans cesse le guider, qu'on lui a plus d'une fois, et non sans raison, reproché d'oublier, et auxquels il faut bien pourtant toujours en revenir (2)? « Au lieu de

---

(1) On a cité l'exemple suivant, on pourrait en citer bien d'autres : « Une femme contracte un engagement sans l'autorisation de son mari. » Elle fait une chose prohibée par la loi : donc elle commet un délit. Une pareille opinion est-elle soutenable, et pourtant, avec la doctrine de Bentham, il faudrait aller jusque-là.

(2) « On n'échappe point à l'empire des principes généraux : Le

remonter aux principes, disent MM. Chauveau e.
Hélie, au sujet de la réforme opérée par la loi du
28 avril 1832, le législateur s'est contenté d'en corri-
ger les applications ; au lieu de dominer le système
de la loi qu'il voulait reviser, il l'a suivi dans ses diverses conséquences ; *négligeant à peu près le système
des incriminations, il lui a suffi de modérer les
peines.* »

Ce qu'il faudrait faire aujourd'hui, c'est ce qui n'a
pas été fait en 1832 ; c'est dominer le système de la
loi à reviser, en revenir aux incontestables, aux éter-
nels principes, trop méconnus jusqu'ici, qui *seuls*
doivent servir de base au droit pénal. C'est, adoptant
franchement la définition donnée par Rossi des faits
punissables, en exclure, comme il le fait logiquement, les contraventions. Ce qu'il faut, c'est remplacer
les peines imméritées qui les frappent « par des
moyens moins sévères et moins dangereux que la
justice pénale », en un mot, par les seules réparations qui puissent leur être légitimement appliquées,
par des perceptions fiscales.

Il va m'être aisé de démontrer que cette substitution, conforme aux vrais principes, ne saurait être
qu'avantageuse à la fois à la moralité publique, à l'autorité et aux intérêts de l'État, ainsi qu'à la dignité
et aux intérêts matériels des citoyens.

---

monde leur appartient, et c'est la gloire de l'homme de leur obéir. »
Rossi, *Préface de son Traité de droit pénal.*

§ 1. — Conséquences de la réforme proposée aux points de vue de la moralité publique, de l'autorité de la loi et de la dignité des citoyens.

« La loi pénale est de toutes les parties de la législation celle qui peut influer le plus directement sur les notions universelles de l'ordre moral (1) »; mais, pour que son influence se fasse utilement sentir, la première condition est qu'elle conserve toute son autorité. Or, il ne saurait être contesté que, plus les pénalités sont nombreuses, moins l'autorité des lois qui les ont établies est grande. Cette autorité surtout s'énerve et s'affaiblit d'autant plus qu'elle s'exerce par des châtiments qui ne sont point en rapport avec la nature ou avec le caractère plus ou moins grave des actes qu'elle frappe.

« L'effet de la peine est manqué, si elle contredit l'opinion (2). » Est-il donc rien qui révolte plus le sentiment public que la punition d'une infraction purement matérielle, inconsciemment commise? Non seulement il en résulte que l'effet de la peine est manqué, mais la loi y perd le respect dont, pour avoir toute sa puissance, elle ne devrait pas cesser d'être entourée.

Supprimer toutes les pénalités inutiles, injustifiées, et par cela même, injustes et dangereuses, c'est donc accroître l'autorité de la loi pénale; y substituer

(1) Rossi. *Traité de droit pénal.*
(2) De Pastoret. *Des lois pénales.*

une taxe fiscale, réparation légitime et naturelle du dommage causé à l'ordre social, comme l'est la réparation accordée, en pareil cas, au particulier lésé, par celui qui lui a fait tort, c'est se rapprocher de la justice absolue et donner satisfaction à tous les intérêts moraux. Une pareille mesure aurait pour résultat, en effet, non seulement de fortifier l'autorité de la loi, mais encore, ce qui assurément n'a pas moins d'importance, de servir la dignité humaine. Pense-t-on qu'il soit indifférent à un honnête homme d'être assigné devant un tribunal de répression, fût-ce le tribunal de police, fût-ce pour la plus légère infraction, commise par oubli ou par ignorance, peut-être même à son insu par un des siens? Une condamnation pénale, quelle qu'elle soit, n'emporte-t-elle pas toujours une certaine idée de flétrissure, surtout avec une législation comme la nôtre, qui mesure le degré de criminalité à la peine encourue plutôt qu'au fait qui l'a motivée? Qui nierait l'anxiété, le désespoir même dont trop souvent a été la cause une poursuite même en simple police? Et, faut-il ajouter que la plupart du temps, cette poursuite a lieu contre des contrevenants peu fortunés, ignorants des règlements et des lois?

Ah! je sais bien que, sur ce dernier point, la réponse est banale : « Nul n'est censé ignorer la loi. » Mais cette hypothèse, comme la qualifie Rossi, n'est-elle pas une présomption qui est, et sera toujours, ainsi qu'il le dit, trop éloignée de la vérité?

La loi ne se viole-t-elle pas elle-même dans l'application de cet axiome en plus d'un cas? Par exemple, par sa défense de parler de la peine encourue par les accusés aux jurés à qui elle ne permet pas de l'ignorer? Cependant, de ce que ces derniers, aux termes de l'article 342 du code d'instruction criminelle : « Manquent à leur premier devoir lorsque, pensant aux dispositions des lois pénales, ils considèrent les suites que pourra avoir la déclaration qu'ils ont à faire », on a conclu que le défenseur contrevient à cet article et à l'article 311, s'il indique la peine encourue. Je dois ajouter, à la vérité, qu'il est chaque jour fait brèche à cette jurisprudence. Il faut bien que, tôt ou tard, on en revienne de ces anomalies.

L'application d'un châtiment en semblable circonstance est non seulement une injustice ; c'est un élément de démoralisation qui, peu à peu, habitue à la répression pénale l'homme vacillant, celui pour lequel le premier pas coûte seul, qui lui en enlève la crainte, en même temps qu'il blesse profondément dans sa dignité l'honnête homme qui ne veut à son nom aucune tache et rougit de honte à l'entendre, dans une audience publique, mêlé au nom de gens indifférents ou pervers.

§ 2. — INTÉRÊT FISCAL DE L'ÉTAT. INTÉRÊT MATÉRIEL
DES PARTICULIERS.

L'intérêt moral de l'État et des citoyens établi, voyons maintenant quelles pourraient être, relativement à leurs intérêts matériels, les conséquences de la mesure proposée?

Il me répugne bien quelque peu d'aborder la question en ce qui concerne l'intérêt de l'État, pour lequel les fautes des citoyens ne devraient point être une source de revenus. Cependant, c'est par lui qu'est représenté le corps social, et c'est au corps social que, par lui, doivent profiter les réparations fiscales qui lui sont justement allouées ; l'étrangeté des perceptions qui lui proviennent des fautes des particuliers est donc plus apparente que réelle, et c'est en toute justice qu'on ne lui a jamais contesté le droit de percevoir au profit de la généralité de la nation les amendes prononcées par les tribunaux, et qui sont, pour ainsi dire, des réparations dues à tous d'un dommage causé à tous.

On ne manquerait pas d'ailleurs, si j'omettais de m'expliquer sur l'intérêt fiscal de l'État, de m'objecter que de la pratique actuelle il retire de précieuses ressources qu'il est important de lui conserver ; qu'à côté de la peine pécuniaire sont assez fructueux pour lui les frais de timbre et d'enregistrement, accessoires obligés de toute bonne procédure civile ou pénale ; que le système proposé les lui enlèvera.

Ma réponse est aussi simple que nette. Au point de vue financier, non seulement l'État ne perdrait rien, mais il aurait tout à gagner. Le timbre et l'enregistrement seraient, il est vrai, sacrifiés, j'en conviens. Mais, lorsqu'aujourd'hui une poursuite a lieu en simple police, les frais occasionnés par cette poursuite sont, il ne faut pas l'oublier, quinze, vingt, trente fois et même bien davantage, plus considérables que l'amende elle-même, laquelle souvent ne dépasse pas un franc. De ces frais, l'État ne prélève

qu'une part et la moindre de beaucoup ; le reste va
aux greffiers, aux huissiers et aux défenseurs, la plupart simples agents d'affaires, qui, n'ayant pas plus
que la science nécessaire à la défense de leurs clients,
les traditions de délicatesse et de désintéressement du
barreau pour limiter leur avidité, ne se font aucun
scrupule de vendre au plus haut prix leurs services.
Or quelle considération pourrait bien s'opposer à ce
qu'en supprimant tous frais de procès-verbaux, cita-
tions, conseil et défense, jugements, enregistrement
et timbre (1), recouvrement de taxes, etc., le minimum
de cette taxe fût fixée à un chiffre suffisant pour dé-
sintéresser largement l'État ? Il trouverait ainsi son
compte, et le contrevenant aussi, en bénéficiant de
ce premier pas vers la suppression des dépens inutiles
et frustratoires de justice, si énergiquement et à si
bon droit réclamée depuis trop d'années, en bénéficiant en outre du temps que lui font perdre les allées
et venues, les péripéties de la procédure, et qui, pour
beaucoup, n'est assurément pas une valeur négligeable.

Voilà un premier point éclairci, et déjà l'État serait
plus qu'indemne ; mais son budget ne trouverait-il
pas encore là d'autres ressources que celle créée par
l'élévation normale de l'amende ? N'y aurait-il pas
pour lui économie sensible dans la suppression ou au
moins la réduction de fonctions devenues sans objet,
le recouvrement des taxes pouvant se faire en dehors

____

(1) Rien n'empêcherait, du reste, de conserver le timbre et l'enregistrement aux procès-verbaux ou bordereaux de taxes, si ces derniers tenaient lieu de procès-verbaux, et à la quittance de la taxe
perçue.

de tout emploi nouveau et spécial, et la justice ne devant plus avoir à statuer, en matière de contraventions, que pour contraindre au payement ceux qui s'y refuseraient, et rendre une décision au cas où le bien fondé de la taxe serait contesté.

J'ajoute, en passant, qu'il ne manquerait sans doute pas de profiter de l'occasion pour réaliser une mesure, à bien des reprises sollicitée, et destinée à favoriser et hâter singulièrement l'expédition des affaires judiciaires ; je veux parler de l'attribution au juge de simple police, dont la tâche serait bien allégée, des petits délits qui surchargent le rôle des tribunaux correctionnels ; quelles raisons pourrait-on invoquer pour les conserver à ces derniers ? Là encore il n'y aurait rien à perdre pour l'État et il y aurait satisfaction pour les particuliers (1).

(1) Je ne crois pas pouvoir me dispenser de citer, au sujet de l'opportunité de cette mesure, l'opinion d'un magistrat dont la science juridique n'avait d'égal que son généreux libéralisme et son dévouement aux œuvres humanitaires, M. le président Bérenger. Voici ce que, dans son rapport à l'Académie des sciences morales et politiques (1852) sur la répression pénale, ses formes et ses effets, il disait : « Quoique, pour la juridiction de simple police, la plus humble dans la hiérarchie judiciaire, le tribunal ne soit composé que d'un seul juge, il n'a pas moins d'autorité morale que s'il était plus fortement constitué ; n'est-ce pas un indice qui permettrait de croire qu'on rencontrerait peu d'obstacles dans le sentiment public, si, comme en Angleterre, on donnait également à un juge unique, en abrégeant les formes de l'instruction, l'attribution de juger en dernier ressort une foule de petits délits qui surchargent les rôles de nos tribunaux correctionnels, et dont les prévenus, trop souvent placés dans les liens d'une détention préventive, encombrent nos prisons, où leur moralité encourt tant de danger. »

Cette citation n'est pas seulement un hommage à une mémoire vénérée ; elle montre sur quelle autorité peut s'appuyer la modification que je propose.

Enfin, et c'est encore là une considération qui a son prix, le jour où l'amende sera transformée en réparation civile vis-à-vis de l'État et où elle sera ainsi ramenée franchement au seul caractère qui en puisse justifier l'existence dans nos lois, d'indemnité puisant sa cause dans un dommage social à réparer, s'ouvrira pour lui un droit nouveau qui serait loin d'être sans importance. N'étant plus une peine, elle cessera d'être personnelle, et l'on peut voir de suite les conséquences de cette modification.

J'en cite seulement quelques-unes :

Aux termes des articles 74 du code pénal et 1382 et suivants du code civil, l'État ne saurait exercer aucune action en responsabilité à l'occasion des amendes prononcées par les tribunaux de police, correctionnels ou criminels, l'amende étant une *peine* (art. 9, 11, 464 du C. pénal). Or, il n'en serait plus ainsi, et lorsque l'auteur du fait donnant lieu à la taxe n'aurait agi que pour un répondant (1384 C. civ.) et serait insolvable, ce répondant deviendrait légalement et de plein droit garant de la réparation du dommage social causé par son préposé ; ce ne serait plus qu'une dette ordinaire dont seraient tenus les héritiers ; enfin, l'action de l'État pourrait, en outre, s'exercer pendant trente ans, au lieu de un ou trois ans, délais auxquels elle est aujourd'hui limitée.

L'idée que j'émets de donner à la taxe fiscale le caractère d'une réparation civile, idée que je voudrais même voir étendre logiquement à toutes les amendes, parce que, pour moi, je le répète, je ne trouve à l'État d'autre titre que celui-là de se faire attribuer partie quel-

conque de la fortune des citoyens, parce que je ne
puis voir dans toute amende, quelque minime
qu'elle soit, prononcée comme peine, qu'une confiscation arbitraire, est-elle donc de nature à rencontrer
de bien sérieuses contradictions? Je ne le suppose
pas; mais, pour tout prévoir, je m'empresse de l'a-
briter, comme je l'ai fait pour toutes les autres parties de ma thèse, sous l'autorité d'un criminaliste
dont personne n'oserait nier la compétence, M. Rau-
ter (n. 170) : « L'idée d'une indemnité a sans doute
été pour quelque chose dans les motifs de l'infliction
de l'amende et de la confiscation. C'est même en
partie à cause de l'amende et de la confiscation que le
code s'abstient d'autoriser formellement l'action civile
au profit de l'État. » Cette dernière phrase est topique;
si l'État n'a pas l'action civile, c'est parce que l'a-
mende est déjà considérée comme une indemnité à
son profit, et que ce serait faire double emploi que
de lui accorder en même temps les deux choses.

Ce que je demande, ce n'est point la destruction de
ce qui est, mais au contraire sa consécration, en
donnant franchement aux choses leur véritable nom,
et, avec leur véritable nom, leur véritable caractère
avec toutes ses conséquences juridiques. Ce n'est, en
un mot, qu'une assimilation, non seulement aux indemnités accordées aux particuliers, mais même aux
amendes civiles (1).

---

(1) L'amende civile n'est pas une peine, mais une réparation civile,
mal dénommée. Telles sont celles édictées par les articles 50, 53, 192
du code civil; 56, 213, 246, 263, 264, 374, 390, 441, 479, 494, 513, 516,
1030, 1039 du code de procédure civile, et bien d'autres inscrites dans

Qu'on me permette enfin un dernier argument : n'est-il pas souverainement illogique, contraire en même temps aux principes les plus élémentaires du droit pénal, que, pour le même et unique fait, deux peines puissent être à la fois appliquées ? C'est cependant ce qui a lieu chaque jour quand les tribunaux prononcent une condamnation simultanée à l'emprisonnement et à l'amende. On comprendrait cette double condamnation corporelle et pécuniaire, si la seconde répondait à la réparation d'un dommage. On ne la comprend pas comme peine complémentaire.

Dois-je, en terminant, et pour répondre à l'avance à toutes les objections possibles, justifier la légitimité de cette réparation pécuniaire que je propose de substituer, sous forme de taxes fiscales, à l'amende et même en certains cas à l'emprisonnement en matière de contravention de police, ainsi qu'à la peine de plus d'une contravention ou d'un délit relevant de la police correctionnelle ?

On a plus d'une fois combattu l'idée des peines pécuniaires ; comme peines, elles ne se légitiment guère, en effet, et l'on éprouve une vraie répugnance, comme je l'ai indiqué, à voir l'État retirer un profit des fautes des particuliers; elles ne sont réellement admissibles qu'au titre d'indemnités du dommage moral ou matériel causé par le contrevenant au corps social. Mais c'est surtout à un autre point de vue qu'on les a critiquées. On leur a reproché notamment de donner trop d'avantage au riche sur le pauvre ; il a

des lois spéciales. La plupart des contraventions en matière de douanes notamment ne donnent lieu qu'à des amendes civiles.

été facile de faire justice de ces critiques, et la meilleure preuve à en donner c'est l'existence du régime actuel accepté par tout le monde. En tous cas, considérées comme des réparations civiles, elles ne sauraient être l'objet d'aucune semblable réprobation, puisqu'elles ne seraient que la juste représentation d'un préjudice provenant d'une faute (Art. 1382 C. civil).

Eh bien, dira-t-on sans doute, passe encore qu'on substitue la taxe fiscale à l'amende ; leur nature, à peu près la même, permet de les confondre. Mais comment admettre cette substitution à l'emprisonnement ? La taxe ne deviendra-t-elle pas souvent illusoire, appliquée à des insolvables, et l'État ne se trouvera-t-il pas ainsi impuissant à faire respecter les droits sociaux ? Assurément. Il faut reconnaître toutefois que ce qui arrivera alors à l'État n'est que ce qui arrive aux particuliers qui, armés d'une condamnation, n'en peuvent obtenir l'exécution et ne trouvent en face d'eux que des débiteurs dans la misère et dans l'impossibilité de s'acquitter. Il arrivera à l'État ce qui lui arrive aujourd'hui, quand à ceux qui ne peuvent payer l'amende il en fait la remise bénévole ou forcée. Je n'ai pas, je crois, à en dire davantage sur ce point ; car je n'imagine pas qu'il s'élève une seule voix pour prétendre qu'afin que l'insolvable ne soit pas indemne, il faut, pour lui, conserver l'emprisonnement. Ce n'est pas dans un pays qui a supprimé la contrainte par corps que pourrait être tenu un pareil langage, et, s'il doit exister pour les citoyens une égalité bien absolue, c'est certainement devant les peines.

Je vais du reste, et sans hésiter, beaucoup plus

loin; envisageant les choses de plus haut, si je souhaite la suppression de l'emprisonnement en matière de contraventions de police, c'est parce que je regarde que ce serait un des bienfaits les plus moraux et les plus heureux du projet de réforme que je soutiens, s'il venait à se réaliser. Non pas que je veuille faire échapper des coupables à la peine qu'ils auraient méritée; quelque grave qu'elle soit, j'y applaudis, si elle est justement appliquée, et je ne fais aucune difficulté de reconnaître qu'en réduisant les infractions à deux classes seulement, crimes et délits, au lieu de trois. celles qui, pouvant entraîner une peine d'emprisonnement, seraient égarées au milieu des contraventions de police devraient être placées dans la catégorie des délits.

Mais si ce n'est pas parce que « les lois ne peuvent jamais être trop douces (1) », que je veux restreindre les cas pour lesquels elles édictent la prison, c'est au moins parce que, je ne saurais trop le redire, j'ai la conviction qu'elles ne peuvent jamais trop respecter la dignité humaine. Pour moi, l'emprisonnement, même de quelques jours, présente dans son caractère pénal et dans ses conséquences morales une gravité qui m'effraie. En abuser, c'est à mes yeux, en même temps qu'abaisser l'humanité, détruire la crainte et l'efficacité de la répression. Je pense, toujours avec Rossi, que le mal rétribué par le mal avec connaissance de cause, dans une intention morale et avec mesure, est de justice absolue; mais y a-t-il justice à

_____

(1) MABLY.

infliger un mal en retour d'un acte presque indifférent ou de minime importance? Où la réparation civile
peut suffire, y a-t-il à prononcer une peine? N'est-ce
pas à un avertissement plutôt qu'à un châtiment
qu'il convient d'avoir recours? « Il suffit de réveiller
l'attention du contrevenant et du public sur le devoir
de se conformer aux règles de police, et d'y apporter
toute l'attention nécessaire (1). »

CONCLUSION

. Par l'exposé des considérations qui précèdent, je
n'ai eu qu'un but : émettre l'idée d'une réforme que
je crois utile à la fois à la moralité publique, à l'autorité de la loi, aux intérêts de l'État et des particuliers. Resterait maintenant, pour la mettre en œuvre,
à en régler les détails.

Quels sont les faits auxquels s'appliqueraient les
taxes proposées?

Seraient-elles assujetties à un minimum et un
maximum, et, dans ce cas, comment serait déterminé
le *quantum* pour chaque fait, pour éviter toute procédure?

Comment et par qui devrait s'opérer le recouvrement?

____

(1) Rossi. Et il ajoute : « Une légère peine pécuniaire est de beaucoup préférable à l'emprisonnement, quelque court qu'il soit. On a trop
affaibli l'impression morale de la prison en la prodiguant pour des
vétilles. »

En cas d'opposition à la taxe, devant quel tribunal devrait être portée cette opposition?

Voilà quelques-unes des questions à résoudre; il en surgirait bien d'autres. La solution n'en serait probablement pas très difficile; elle mériterait néanmoins d'être sérieusement étudiée. Aussi me ferais-je un devoir de les examiner avec soin, si j'avais la bonne fortune que, soumis à la critique compétente, le principe de la réforme que je propose obtînt son adhésion. En tenant, dans ce cas, compte des observations qui pourront m'être faites et que je sollicite ardemment des juges autorisés qui voudront bien y arrêter un instant leur attention, je m'efforcerais de compléter, en la rendant pratique, la thèse imparfaite que je présente aujourd'hui à leur appréciation.

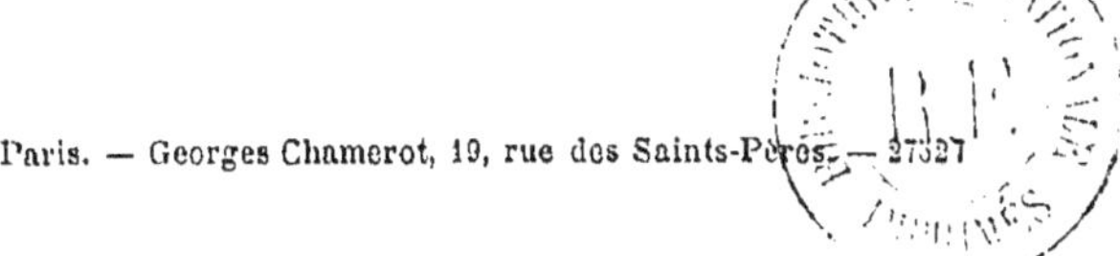

Paris. — Georges Chamerot, 19, rue des Saints-Pères. — 27527